Friedrich Haubner

Wie viel Heimat brauchen wir?

W0179029

FRIEDRICH HAUBNER

Heimat

WIE VIEL HEIMAT BRAUCHEN WIR?

Flüchtlingskrise, Coronavirus
und die Zeichen der Zeit

concepcion SEIDEL

DER AUTOR

Friedrich Haubner lebt mit seiner Frau in Marburg und arbeitet als freier Journalist und Reportage-Fotograf für Magazine und Verlage. Nach seiner Ausbildung als grafischer Zeichner studierte er am Theologischen Seminar Tabor in Marburg. Anschließend war er zwei Jahre Pastor, danach 32 Jahre als Produktionsleiter bei den Marburger Medien für die Entwicklung missionarischer Medien zuständig.

www.naturfoto-haubner.de

Bibliografische Information der Deutschen Nationalbibliothek
Die Deutsche Nationalbibliothek verzeichnet diese Publikation in der Deutschen Nationalbibliografie; detaillierte bibliografische Daten sind im Internet über http://www.dnb.de abrufbar.

ISBN 978-3-86716-204-3

Best.-Nr. 644.204
© 2020 by concepcion SEIDEL OHG, Hammerbrücke, 08262 Muldenhammer
Bibelzitate sind in der Regel entnommen aus: Die Bibel nach Martin Luthers Übersetzung, revidiert 2017, © 2016 Deutsche Bibelgesellschaft, Stuttgart
Fotos: Umschlag, S. 25, 50, 62, 68, 74: Adobe Stock; S. 19, 34, 37, 54: Shutterstock; S. 9, 13, 16, 31, 41: Friedrich Haubner
Umschlaggestaltung, Layout, Satz: Friedrich Haubner
Lektorat: Dr. Ulrich Parlow
Gesamtherstellung: concepcion SEIDEL OHG, Satz- und Digitaldruckzentrum, Hammerbrücke, 08262 Muldenhammer

INHALT

VORWORT

Heimat – ein Wort, das Erinnerungen, Gedanken und Gefühle weckt. Bilder tauchen vor unserem inneren Auge auf, Töne klingen im Ohr, Gerüche erreichen unsere Nase. Ein Begriff, der alle Sinne umfasst und darum so schwer zu umschreiben ist. Was ist Heimat? Was meinen wir, wenn wir von Heimat reden?

Heimat ist ein altes deutsches Wort, für das es in vielen anderen Sprachen keine Entsprechung gibt und das darum nur schwer übersetzbar ist. »Wie viel Heimat braucht der Mensch?«, diese Frage floss aus der Feder des jüdischen Schriftstellers Jean Améry (1912–1978). Österreich war seine Heimat. Hier lebte er, hier schrieb er. 1938 musste er auf der Flucht vor den Nazis in die Emigration nach Belgien. 1943 wurde er dort aufgespürt und landete im KZ. Obwohl er den Krallen seiner Peiniger entkam und das KZ überlebte, blieb er, der nach dem Krieg sein Domizil in Belgien behielt, ein Heimatloser: »Niemands-Land – das ist da, wo Heimat aufhört. Tod Gefangenschaft, Flucht und Vertreibung – unauslöschliche Erfahrungen unseres Jahrhunderts. Viele haben wieder lernen müssen, zu Hause zu sein.« 1978, bei einem Besuch in seiner alten Heimat Österreich, nahm sich der Schriftsteller das Leben.

Heimat – das ist die Suche nach Geborgenheit, die Suche nach dem richtigen Platz im Leben. In einer von der Globalisierung geprägten Welt, die sich rasant verändert, sehnen wir uns nach einem Ort der Beständigkeit und Ruhe. Heimat – das ist die Suche nach Anerkennung, nach Identität. Heimat – da geht es nicht um oberflächliche Gefühlsduselei oder um engstirnigen Lokalpatriotismus. Da geht es um existenzielle Fragen des Menschseins: Woher kommen wir und wohin gehen wir? Und dazwischen: Wo finden wir in der Gegenwart eine Heimat, einen sicheren Ort für unser Leben?

KAPITEL 1
WAS IST HEIMAT?

HEIMAT IST ...

Heimat ist Erinnerung:
»So wie es früher war ...«

Es ist auffällig, dass der Heimatbegriff unsere Gedanken immer zuerst in die Vergangenheit führt. Wir beginnen die Suche nach Heimat immer zuerst am Ort unserer Kindheit. Die Sehnsucht nach der Geborgenheit der Kindheit wird lebendig, wir werden an alte Freunde und Spielgefährten erinnert. Das frühe Glück einer unbeschwerten Kindheit, einer Kindheit voller Träume, Zuversicht und Vertrauen, taucht vor unserem inneren Auge auf. Heimat scheint untrennbar mit der eigenen Vergangenheit verbunden, so wie es früher war, darin sehen wir Heimat. Je älter, desto stärker werden die Erinnerungen an die Kindheit, das Elternhaus und den Geburtsort. Es ist aber auch eine verklärte Wahrnehmung der Vergangenheit, die dazu beiträgt, dass wir die Vergangenheit, so wie es früher war, schönreden und idealisieren.

Heimat ist Landschaft:
»Die alte Linde und der Schulweg ...«

Ist Heimat nur ein Stück Landschaft, wo man aufgewachsen ist? Die große Linde, unter der man als Kind gespielt hat, der Schulweg, den man oft gegangen ist, oder die Bushaltestelle, an der man auf den Bus gewartet hat? In Umfragen wird Landschaft stets als ein wichtiger Faktor der

Heimat genannt. Eine Landschaft, eine Region empfindet der Mensch immer dann als Heimat, wenn er sie – egal aus welchen Gründen – verloren hat. Auf diesen Aspekt der Heimat begrenzen viele Heimatlieder das Thema. Sie singen von den dunklen Tannen und den klaren Seen, von schneebedeckten Bergen oder den stürmischen Wellen der Nordsee. Tausendfach verkitscht und missbraucht, ist die Heimat zum Produkt geworden, das sich gut vermarkten lässt, sei es in Volksmusik-Hitparaden oder für teure Landhausmöbel.

Heimat ist Sprache:
»Die gewohnten Klänge des heimatlichen Dialekts …«

Oder ist Heimat zuallererst Sprache, die Sprache, die wir sprechen? Wir reden von der Muttersprache und meinen die gewohnten Klänge des heimatlichen Dialekts. Wo man dieselbe Sprache spricht, kann man sich verständigen und man wird verstanden. Sie gibt uns eine Identität, eine Sicherheit, die sich mit dem, was wir Heimat nennen, gut verbinden lässt. Unsere Sprache gleicht einer Erkennungsmelodie – ein Dialekt oder ein Akzent lässt sich nie ganz verbergen und verrät, woher man kommt. Selbst eine russlanddeutsche Lehrerin, die das Fach Deutsch unterrichtet und die deutsche Grammatik perfekt beherrscht, kann nicht verbergen, dass sie in Petersburg geboren ist und ihre Kindheit dort verbracht hat; sosehr sie sich auch bemüht, der leichte Akzent ist unüberhörbar.

> Unsere Sprache oder unser Dialekt gleicht einer Erkennungsmelodie, die unsere Herkunft verrät.

Heimat ist Kultur:
»Beliebte Traditionen und Bräuche …«

Dabei stellt sich die Frage, wo Kultur beginnt und wo sie endet. Sie ist auf jeden Fall weitaus mehr als Blasmusik, Biergärten, kulinarische Spezialitäten und Fachwerkhäuser. Sie ist ein bunter Mix, der nur schwer einzugrenzen ist. Durch unsere Heimat sind wir kulturell vorgeprägt, wir sehen die Dinge in einem subjektiven Licht. Diese Prägung spiegelt sich auch im Bewahren alter Traditionen und religiöser Bräuche wider. Das beste Beispiel ist Weihnachten, das in unserer Zeit einen Boom erlebt. Kein Fest hat einen größeren kulturellen Rahmen: zahllose Weihnachtsmärkte, Geschenke, Christbaum, Bachs Weihnachtsoratorium, Lebkuchen u. v. m. Ein »Begleitprogramm«, auf das kaum jemand verzichten möchte, auch dann nicht, wenn man den Inhalt des Festes gar nicht mehr kennt oder sich nicht damit identifizieren möchte. Selbst Menschen, die sich nicht als Christen bezeichnen, feiern Weihnachten, auch für sie ist Heimat ein Ort der kulturellen Vertrautheit.

Heimat ist Gefühl:
»Verstanden werden …«

»Über Heimat denkt man nicht nach, man spürt und empfindet sie«, sagte mir eine Frau nach einem Vortrag. Heimat muss nicht zwangsläufig ein geografischer Ort sein, ein Dorf, eine Stadt, eine Region oder ein Land. Es kann auch einfach ein inneres Gefühl des Verstandenwerdens sein, des Aufgehoben- und Angenommenseins. Heimat hat etwas mit diesem Empfinden zu tun, wobei hier nicht eine falsch

13

verstandene Sentimentalität gemeint ist, sondern ein Gefühl von Zufriedenheit und Harmonie. Karl Jaspers' Definition liegt auf dieser Ebene: »Heimat ist da, wo ich verstehe und wo ich verstanden werde.« Es ist etwas sehr Persönliches, Innerliches, Emotionales, ein Gefühl des Angekommenseins.

Heimat ist Geruch:
»Der würzige Duft einer frisch gemähten Wiese ...«

Manchmal hat Heimat auch mit bestimmten Gerüchen zu tun. Da ist im Frühling der Duft der blühenden Linde, der in meiner Kindheit den ganzen Hof erfüllte. Oder der harzige Geruch des an der Scheunenwand gelagerten Holzes. Als Sohn eines Kleinbauern kenne ich den erdigen Geruch eines gerade gepflügten Ackers und der würzige Duft einer frisch gemähten Wiese ist mir gut vertraut. Auch nach Jahrzehnten habe ich diese Gerüche noch nicht verloren.

> Heimat ist etwas sehr Persönliches, Innerliches, Emotionales, es ist ein Gefühl des Angekommenseins.

Etwa fünf Millionen Riechzellen hat die Nase des Menschen. Damit sind wir längst nicht Spitzenreiter. Der ausgeprägte Geruchssinn eines Schäferhundes basiert auf ca. 250 Millionen Riechzellen. Trotzdem sind es die Geruchserinnerungen der Kindheit, die uns stark prägen. Denn nie wieder lernen und speichern wir so schnell Gerüche wie in den ersten Jahren unserer Kindheit. Wonach schmeckt Heimat? Nach Mutters Schweinebraten, nach Erdbeerkuchen oder nach frisch gekeltertem Apfelsaft? Es kann aber auch nur ein bescheidenes Schnittlauchbrot sein, das uns an die Heimat erinnert.

Heimat ist ein facettenreicher Begriff:
»Ein Thema, das viele Bereiche berührt ...«

Ist Heimat ein Begriff, der so vielfältig und komplex ist wie der einzelne Mensch mit seinen Erfahrungen auch? Je mehr Menschen wir fragen, umso mehr Antworten bekommen wir. Lässt sich Heimat also nur als Resultat der eigenen Herkunft und der persönlichen Erfahrungen definieren? Heimat – da geht es um existenzielle Fragen des Mensch- seins: Woher kommen wir und wohin gehen wir? Und da- zwischen: Wo finden wir in der Gegenwart einen sicheren Ort für unser Leben? Bei allen unterschiedlichen Erfahrun- gen und Prägungen sollten wir diesen elementaren Fragen nicht ausweichen. Es sind Fragen, die uns offenbar schon in die Wiege gelegt sind!

»GOTT IST DIE KONSTANTE IN MEINEM LEBEN,
ER VERÄNDERT SICH NICHT. BEI IHM KANN ICH ANDOCKEN,
ER IST EIN SICHERER HALT IM FLUG DER ZEIT.«

DIE ZUGVÖGEL ALS METAPHER

»Die Krähen schrein und ziehen schwirren Flugs zur Stadt:
Bald wird es schnein – weh dem, der keine Heimat hat!«,
schrieb Friedrich Wilhelm Nietzsche (1844–1900) in seinem bekanntesten Gedicht. Damit ist die Dramatik der Heimatlosigkeit des Menschen zum Ausdruck gebracht. Wenn
der Winter mit seiner Kälte kommt, wenn Krankheit und
Alter das Leben belasten, dann will keiner ohne Heimat,
ohne ein Zuhause sein. Vielleicht ist es auch die zuneh-
mende Verstädterung der Welt, die die Sehnsucht nach dem
»stillen Winkel« in uns weckt, und die Individualisierung
und Vereinsamung der Gesellschaft, die uns den Verlust des
Vertrauten schmerzlich spüren lässt.

Das »Nomadenleben« der Zugvögel ist ein Synonym für
unsere Heimatlosigkeit. Es sind die Flucht vor der Kälte
und die Nahrungsknappheit, die etwa 50 Millionen Zugvögel zu Weltreisenden machen. Die Vögel haben eine innere
Uhr und wissen instinktiv, wann es Zeit ist, sich auf den
Weg zu machen. Einige Vogelarten fliegen nonstop in ihr
Winterquartier; andere bewältigen die riesige Strecke in
mehreren Etappen. Sie finden ihren Weg ohne Landkarte,
ohne Kompass, ohne »Navi«. Woher kommen sie? Wo fliegen sie hin? Woran orientieren sie sich? Sie ziehen dorthin,
wo sie die besten Lebensbedingungen finden.

Auch wir sind unterwegs und ziehen dorthin, wo wir einen
guten Job gefunden haben oder die beste Uni fürs Studium.
Meistens freiwillig, aber zuweilen auch mehr oder weniger
gezwungen, weil wir eben keine gleichwertige Alternative
haben. Manche nur für ein paar Jahre, andere für immer. Wie

die Zugvögel, so sind auch wir »Wanderer zwischen zwei Welten«.

Ich bin in der Oberpfalz in Ostbayern aufgewachsen. Durch das Studium kam ich nach Marburg in Nordhessen. Ich lebe jetzt bereits 45 Jahre in Hessen, unterbrochen nur durch einen zweijährigen Dienst als Pastor im Ruhrgebiet. Wichtiger als all die Stationen meines Lebens ist, dass ich durch den Glauben bei Gott beheimatet bin. Er ist die Konstante bei allem Wechsel in meinem Leben. Er verändert sich nicht. Bei ihm kann ich andocken, er ist ein sicherer Halt im Flug der Zeit.

KAPITEL 2
WAS BEDEUTET DER VERLUST DER HEIMAT?

DER VERLUST DER HEIMAT GESTERN

Der Verlust der Heimat trifft den Menschen schwer. Die Flucht verändert ein Leben für immer. Schlagartig ist alles anders. Das Leben wird in drei Teile zerlegt: in die Zeit vor der Flucht, die Zeit während der Flucht und die Zeit nach der Flucht. »Glaube oder Heimat?« – vor diese Entscheidung wurden meine lutherischen Vorfahren in Österreich nach der Reformation gestellt. Um ihrem evangelischen Glauben treu bleiben zu können, mussten in den 1730er-Jahren etwa 20000 Salzburger ihre Heimat in den österreichischen Bergen verlassen. Sie verloren damit ihren gesamten Besitz, Haus und Hof; viele mussten sogar ihre minderjährigen Kinder zurücklassen. Ein Großteil der Salzburger Emigranten fand in Ostpreußen eine neue Heimat, aber auch in verschiedenen Regionen Bayerns und Württembergs fanden die »Exulanten«, wie sie genannt wurden, wieder ein Zuhause.

> Die »Willkommenskultur« ist keine Erfindung unserer Zeit, sondern bereits im Neuen Testament ein Auftrag für Christen.

Gut zwei Jahrhunderte später löste das Ende des Zweiten Weltkrieges eine gewaltige Fluchtbewegung aus. Endlose Flüchtlingstrecks schoben sich Richtung Westen. Die Angst vor der Roten Armee trieb sie an. Alles, was diesen Menschen blieb, war die Erinnerung an die verlorene Heimat, wachgehalten durch ein paar vergilbte, abgegriffene Fotografien. Niemand hatte sie gefragt, ob sie hier leben wollten, ihr Schicksal ließ ihnen keine andere Wahl und der »Eiserne Vorhang« verhinderte jahrzehntelang ein Wiedersehen mit der alten Heimat. Die Aufnahme von etwa zwölf Millionen deutschen Vertriebenen und Flüchtlingen aus Ost- und Südosteuropa nach dem Zweiten Weltkrieg – in einer Zeit größter Not und Zerstörung – war eine wesentlich größere Herausforderung als die aktuelle Migration in unser Land.

DER VERLUST DER HEIMAT HEUTE

Die Zahl der Menschen, die auf der Flucht sind, war noch nie so hoch wie heute. In unserer Zeit erreicht der Flüchtlingsstrom einen neuen Höhepunkt. Auch die Flüchtlinge des 21. Jahrhunderts sind auf der Flucht vor Gewalt und Armut und auf der Suche nach besseren Lebensbedingungen. Es sind Menschen, die bei uns unterkommen möchten, weil sie in ihrer Heimat verfolgt werden und für ihr Leben keine Zukunft sehen. Die Heimat verlassen ist immer schmerzlich, selbst wenn sie noch so zerbombt und unbewohnbar ist. Wir müssen damit rechnen: Es werden immer mehr kommen, egal, ob wir eine Integration für möglich halten oder nicht. Die Zuwanderung wird nicht aufhören. Flüchtlinge aufzunehmen ist gelebte Gastfreundschaft. Die »Willkommenskultur« ist keine Erfindung unserer Zeit, sondern ist im Neuen Testament ein Auftrag für Christen. Jesus selber sagt über den Umgang mit Fremden: »Ich bin ein Fremder gewesen und ihr habt mich aufgenommen« (Matthäus 25,35). Fremde stehen unter dem besonderen Schutz Gottes. Wer sie aufnimmt, nimmt Jesus auf. Als Christen, die wir im Wohlstand leben, haben wir eine Aufgabe an Schwachen, Armen und Flüchtlingen. Schon im

Alten Testament wird der private Besitz als Verpflichtung für schwache Glieder der Gesellschaft gesehen. Das zeigen etwa die Regelungen zum Erlassjahr (3. Mose 25), zum Sabbatjahr (2. Mose 23), zum Nachleserecht (3. Mose 19; 5. Mose 24) und zu den Zinsvorschriften (3. Mose 25). Diese Ordnungen, die Gott dem Volk Israel gegeben hat, sollten Armut einerseits und großen Reichtum andererseits verhindern und damit dem ganzen Volk dienen.

GOTT IDENTIFIZIERT SICH MIT DEN FREMDEN

Der lebendige Gott, der Herrscher des Universums, identifiziert sich mit den Armen und Schwachen: »Wer dem Geringen Gewalt tut, lästert dessen Schöpfer; aber wer sich des Armen erbarmt, der ehrt Gott« (Sprüche 14,31). Was für eine überraschende Logik: Indem wir einem Armen helfen, dienen und ehren wir Gott. Die biblischen Aussagen zum Umgang mit Fremden sind klar und eindeutig: »Einen Fremdling sollst du nicht bedrücken oder bedrängen; denn ihr seid auch Fremdlinge in Ägyptenland gewesen« (2. Mose 22,20). »Wenn ein Fremdling bei euch wohnt in eurem Lande, den sollt ihr nicht bedrücken. Er soll bei euch wohnen wie ein Einheimischer unter euch, und du sollst ihn lieben wie dich selbst; denn ihr seid auch Fremdlinge gewesen in Ägyptenland. Ich bin der Herr, euer Gott« (3. Mose 19,33.34). Die Israeliten wurden immer wieder an ihr »Fremdsein« in Ägypten erinnert, damit sie Verständnis für Fremde im eigenen Land aufbringen konnten.

Im Alten Testament hat das Aufnehmen und Bewirten von Fremden einen hohen Stellenwert. Bei Jesus finden diese

Haltung ihre Fortsetzung: »Denn ich bin hungrig gewesen und ihr habt mir zu essen gegeben. Ich bin durstig gewesen und ihr habt mir zu trinken gegeben. Ich bin ein Fremder gewesen und ihr habt mich aufgenommen. Ich bin nackt gewesen und ihr habt mich gekleidet. Ich bin krank gewesen und ihr habt mich besucht. Ich bin im Gefängnis gewesen und ihr seid zu mir gekommen« (Matthäus 25,35.36). Auch Hebräer 13,2 sieht in der Gastfreundschaft eine Tugend: »Gastfrei zu sein vergesst nicht; denn dadurch haben einige ohne ihr Wissen Engel beherbergt.«

DIE BESONDERE PROBLEMATIK HEUTE

Der weitaus größte Teil der Migranten, die unser Land erreichen, sind Moslems. Sie bringen ein völlig anderes Kultur- und Gesellschaftsverständnis mit nach Westeuropa. Anschauungen, die sich weithin als nicht kompatibel mit unserer Gesellschaft erweisen. Der Islam ist eben mehr als eine Religion, er ist eine religiöse Gesellschaftsordnung, die sich schwertut damit, eine freiheitlich-demokratische Grundordnung zu akzeptieren. In den Herkunftsländern mancher Flüchtlinge regelt die »Scharia« nicht nur den Alltag der gläubigen Muslime, sondern ist gleichzeitig Grundlage der staatlichen Gesetzgebung und Rechtsprechung. Es geht in der Scharia nicht nur um religiöse Gebote, sondern zum Beispiel auch um Familien-, Erb- und Strafrecht. Insoweit islamischer Glaube sich auf dieses Rechtsverständnis gründet, ist er nur schwer in eine demokratische Gesellschaft integrierbar. Erst nach Monaten der Flüchtlingskrise gab Innenminister Seehofer in Bezug auf die Integrationsthematik zu bedenken: »Wir haben die Bedeutung der Religion unterschätzt!«

Lehrkräfte an unseren Schulen bekommen die vollkommen andere islamische Prägung im Unterricht leidvoll zu spüren. Eine Lehrerin gesteht, dass sie im Unterricht eigentlich nur »versucht zu überleben«, an einen geordneten Unterricht ist nicht zu denken. Sie hat muslimische Kinder in ihrer Klasse, die »die Ungläubigen« und das »westliche« Denken und »demokratische Werte« generell ablehnen. Lehrer sind da mehr in ihrer Funktion als Sozialpädagogen gefragt, denn es geht oft nur darum, die Klasse einigermaßen zu bändigen.

Christen hatten nie den Anspruch, die staatlichen Gesetze durch ihre religiösen Ordnungen zu ersetzen. Ihnen ist es darum nie schwergefallen, sich in eine rechtsstaatliche Gesellschaft einzufügen. In unserem Land gibt es eine lange Geschichte gelungener Integration – etwa der Salzburger Protestanten, der Waldenser, der Hugenotten.

DIE ANGST VOR DEM FREMDEN

Dieses strikte Festhalten an der Heimat und die Ablehnung der Integration haben auch etwas mit Angst zu tun. Wir kennen ebenfalls die Angst vor dem Neuen und Ungewohntem. Es ist darum durchaus verständlich, dass viele Migranten sich gegen Integration sträuben, weil sie Angst haben, sie könnten dadurch das »Eigene« verlieren: ihre Herkunft, ihre Lebensweise, ihre Identität. Auch Flüchtlinge haben

»DER ISLAM IST MIT 1,8 MILLIARDEN ANHÄNGERN, NACH DEM CHRISTENTUM, DIE ZWEITGRÖSSTE WELTRELIGION.«

Ortaköy-Moschee in Istanbul

Angst vor dem Scheitern, vor der Zukunft, vor dem Verlust geliebter Menschen, die noch im Herkunftsland leben. Sie haben Angst vor der fremden Kultur im Aufnahmeland, der fremden Sprache, dem fremden Essen, der fremden Religion. Dazu das bedrohliche Gefühl, einer Minderheit anzugehören. Dafür sollten wir Verständnis haben.

Als ich damals mein Theologiestudium in Marburg abgeschlossen hatte, war es noch so, dass man eine Stelle zugewiesen bekam. Man hatte also keinen Einfluss darauf, wo man die ersten Jahre seiner Gemeindearbeit verbringen würde. Die offenen Stellen waren bekannt. Jeder der Kandidaten hatte so seine Favoriten, wo er gerne arbeiten wollte. Unter den offenen Stellen war auch eine in Duisburg im Ruhrgebiet. Vor dieser hatten wir den größten Respekt. Die Angst vor der Großstadt mit ihrer Anonymität war für die meisten Absolventen ein Schreckgespenst. Ich hatte es schon geahnt: Auf mich fiel das Los. Einige Wochen später fand ich mich in einer kleinen Gemeinde im Ruhrpott wieder. Da hatte ich als Dorfkind eigentlich nie hingewollt. Dort lag damals noch der Geruch der Eisenindustrie mit ihren Hochöfen in der Luft, dieses Gemisch aus Feuer und glühendem Eisen. Dazu der ständige Lärm der Kräne im nahen Hafen und die zahllosen Autos, die sich im Berufsverkehr morgens und abends über die Rheinbrücke quälten. Das alles war für mich sehr gewöhnungsbedürftig. Eine Welt, die von der dörflichen Idylle meines Zuhauses so weit entfernt war wie der Mars von der Erde. Ich habe mich dort in den ersten Wochen auch gefühlt wie ein Fremder fern der Heimat.

> Es ist die Frage, die viele bewegt: Wie viel Fremdheit müssen wir ertragen und wie viel Anpassung dürfen wir erwarten?

FREMDHEIT UND ANPASSUNG

Menschen haben Angst vor dem Fremden und vor Menschen, die sie nicht kennen. Manche sehen eine Verbindung zwischen der Flüchtlingskrise und der wachsenden Terrorgefahr in Europa. Andere sorgen sich, dass Flüchtlinge ihnen ihren Job und ihre Sozialleistungen wegnehmen könnten. Es sind häufig eigene Existenzängste, die auf Migranten projiziert werden. Eine Angst, die sich gut als Vorwand benutzen lässt, um die Unzufriedenheit mit der eigenen Situation zum Ausdruck zu bringen. Nicht zuletzt das bloße »Anderssein« (Sprache, Habitus) der Migranten verunsichert manchen Einheimischen. Diese Angst, mag sie objektiv auch in vielem unzutreffend sein, ist nicht einfach aufzulösen. Es ist die Frage, die viele von uns bewegt: Wie viel Fremdheit müssen wir ertragen und wie viel Anpassung dürfen wir erwarten?

Als ich einmal mit einem Freund im Stadtzentrum von Paris unterwegs war, spuckte mir ein alter Mann vor die Füße und überschüttete mich mit Beschimpfungen. Er hatte mich als Deutschen ausgemacht und war wütend wegen der Kriegsverbrechen im Dritten Reich. Da er französisch sprach, habe ich seine Worte nicht verstanden. Mein Freund hat sie mir nachher teilweise (wahrscheinlich etwas abgemildert) übersetzt. Den Hass und die Wut in seinen Augen werde ich aber nicht vergessen. Niemals mehr habe ich mich irgendwo so fremd gefühlt wie bei jener Begebenheit in Paris. Wenn ich mich daran zurückerinnere, fällt es mir etwas leichter, Fremde zu verstehen und ihnen offen zu begegnen.

DAS EVANGELIUM NICHT VERSCHWEIGEN

Soll die Kirche das Evangelium auch Flüchtlingen weitergeben? Nein, meint ein Großteil der evangelischen Bischöfe. Gefragt seien jetzt vor allem tatkräftige Hilfe und interreligiöser Dialog. Das ist das Ergebnis einer 2019 durchgeführten Umfrage der Evangelischen Nachrichtenagentur idea (Wetzlar) unter den 20 Gliedkirchen der EKD. Konkret ging es um die Frage: Gilt der Missionsbefehl Jesu auch für Migranten, die nach Deutschland kommen?

Es ist absolut unverständlich, wie die evangelische Kirche mit dem Missionsbefehl Christi umgeht. Es gibt keine Argumente, die es rechtfertigen, die Geltung dieses Auftrags außer Kraft zu setzen. Nein, die Rettung verlorener Menschen darf man nicht von den Umständen abhängig machen und auf bessere Zeiten verschieben! Der SPIEGEL-Journalist Jan Fleischhauer sagte in einem Interview: »Es fehlen der Kirche Leute mit tief sitzendem Glauben. Wenn ich wirklich an Gott glaube und daran, dass ich einen Auftrag, eine Mission habe, dann verkündige ich meine Botschaft – ohne Rücksicht darauf, ob Leute sagen, das sei ihnen nun zu hart, deshalb würden sie darüber nachdenken, die Kirche zu verlassen. Dann sollen sie eben meine Kirche verlassen, wäre die Antwort.«

NEUE LAGE FÜR DIE MISSION

Als Christen sollten wir uns die neue Situation einmal vergegenwärtigen: Jahrhundertelang war christliche Missionsarbeit davon geprägt, dass Missionare in fremde Länder reisten, mühsam die Kultur und Sprache lernen mussten, um nach Jahren der Vorbereitung endlich Menschen mit dem Evangelium zu erreichen. Jetzt kommen die Menschen als Flüchtlinge zu uns, wohnen und leben unter uns. Das heißt nicht, dass die Mission unter Muslimen damit auf einmal einfach geworden wäre. Mission ist zu jeder Zeit ein geistlicher Kampf: »Denn wir haben nicht mit Fleisch und Blut zu kämpfen, sondern mit Mächtigen und Gewaltigen, mit den Herren der Welt, die über diese Finsternis herrschen, mit den bösen Geistern unter dem Himmel« (Epheser 6,12). Nach 2000 Jahren christlicher Missionsarbeit gibt es noch immer mehr als tausend unerreichte muslimische Volksgruppen. Gott liebt jeden Menschen, Jesus ist auch für Muslime der einzige Weg zum Heil. Wir dürfen ihnen darum das Evangelium nicht vorenthalten!

> Die Rettung verlorener Menschen darf man nicht von den Umständen abhängig machen.

In der Begegnung mit Menschen werden wir immer wieder die Erfahrung machen, dass allein die Liebe Menschen gewinnt. Unsere Argumente sind wichtig, doch ohne Liebe überzeugen sie niemanden. Menschen spüren sehr genau unsere Motivation und merken, ob wir wirklich an ihnen interessiert sind und ihnen helfen wollen oder ob sie für uns nur ein »Missionsobjekt« sind. Jeder Mensch möchte ernst genommen werden. Wer ständig Fragen beantwortet, die der andere nicht gestellt hat, nimmt sein Gegenüber letztlich nicht für voll. Wer dagegen im Gespräch auf den anderen wirklich eingeht, gibt ihm damit ein Stück Anerkennung. Machen wir uns bewusst: Menschen wollen nicht irgendwelchen Lehrsätzen begegnen (obwohl Lehrsätze für

Christen große Bedeutung haben), sie möchten Menschen begegnen. Sprechen wir daher mit Flüchtlingen auf Augenhöhe und stellen wir uns nicht über sie. Treten wir ihnen mit Respekt und Liebe gegenüber, wie es der Form und dem Inhalt des Evangeliums entspricht. Wer andere für Christus gewinnen will, muss sein Herz an die Angel hängen!

UNSERE KULTUR UND DER SOZIALSTAAT HABEN CHRISTLICHE WURZELN

Die christliche Kultur gehört zum Abendland wie das Salz in der Suppe. Auch wenn es viele Menschen heute nicht mehr wahrhaben wollen: Unsere Gesellschaft wäre nicht das, was sie ist, ohne die prägende Kraft des Christentums und der Zehn Gebote. Der Sozialstaat hat seine Wurzeln im Christentum. »Ich glaube zwar nicht an den da oben, aber ich fürchte eine gottlose Gesellschaft«, sagte der linke Politiker Gregor Gysi in einem TV-Gespräch mit Markus Lanz; er begründete das damit, dass Religion in seinen Augen die einzige Instanz sei, die allgemeingültige Werte vermitteln könne. Der spätere Literaturnobelpreisträger Heinrich Böll äußerte sich ganz ähnlich: »Ich überlasse es jedem, sich den Albtraum einer Welt vorzustellen, in der Gottlosigkeit konsequent praktiziert würde: den Menschen in die Hände des Menschen fallen zu lassen.«

Auf der einen Seite wird die christliche Kultur immer mehr infrage gestellt und aus unserer Gesellschaft verdrängt. Sie

> Unsere Gesellschaft wäre nicht das, was sie ist, ohne die prägende Kraft des Christentums.

»DEUTSCHLAND IST KEIN CHRISTLICHER STAAT,
ABER EIN LAND MIT CHRISTLICHER VERGANGENHEIT
UND PRÄGUNG.«

Reichstagsgebäude und Bundestag in Berlin

31

scheint mit dem Denken des modernen Menschen nicht mehr vereinbar und der Lebenswirklichkeit einer offenen, fortschrittlichen Gesellschaft nicht gerecht zu werden. Auf der anderen Seite möchte man auf die christliche Kultur als einen gewohnten Lebensrahmen auch nicht ganz verzichten.

Der Verlust des christlichen Glaubens ist eine Zeiterscheinung, die von den Kirchen unerklärlicherweise manchmal noch gefördert wird. Es ist schwer einzuordnen, warum hochrangige Kirchenvertreter sich nicht mehr mit den Zeichen des Christentums, wie dem Kreuz, identifizieren wollen und grundlegende Ereignisse und Aussagen der Bibel im Alten und Neuen Testament zu Mythen erklären. Andererseits sehen auch Menschen, die keinen Bezug zum Glauben haben, in der christlichen Kultur und Tradition ein wesentliches Element unserer Gesellschaft. Dies zeigt sich in besonderer Weise an Weihnachten. Laut einer von idea in Auftrag gegebenen INSA-Umfrage im Jahr 2019 besuchen an Weihnachten 56 Prozent der Deutschen einen Weihnachtsgottesdienst. An einem normalen Sonntag gehen dagegen nur etwa drei Prozent in einen evangelischen und rund neun Prozent in einen katholischen Gottesdienst.

EIN LEBEN MIT HEIMWEH

Ich erinnere mich an die Sätze eines jungen Türken in Duisburg: »Wenn ich hier bin, möchte ich nach Ankara. Wenn ich in Ankara bin, möchte ich nach Duisburg-Beeck. In Deutschland bin ich ein Türke, in der Türkei bin ich ein Deutscher.« Er fühlt sich weder hier noch dort richtig dazugehörig und eingebunden. Oder wie es Wolf Biermann singt: »Ich bin so gern hier und wär doch so gerne dort …« Als Kind plagte mich schon nach wenigen Tagen des Wegseins das Heimweh nach der vertrauten Welt meines Heimatdörfchens. Es war für mich unvorstellbar, irgendwann den Ort meiner Kindheit zu verlassen. Inzwischen lebe ich seit fast 45 Jahren in der »Fremde«. Ist Heimweh also eine typische Kinderkrankheit, die man mit dem Älterwerden verliert?

Im 19. Jahrhundert wanderten Millionen Deutsche in die USA aus. Ein alter Mann, der in jungen Jahren nach Amerika ausgewandert war, weil es hier nicht zum Leben gereicht hatte, schrieb in einem Brief an seinen alten Lehrer: »Heimweh – ich hab es all die Jahre gehabt. Ich bin in der Fremde alt geworden, aber das alte Dorf mit seinen Lehmhäusern habe ich nicht vergessen. Oft habe ich mich ausgeruht bei den Gedanken an die alte Heimat. Sie hält mich fest wie ein Seil, keine Macht der Welt bindet mehr als die Heimat!«

> Ist Heimweh nur eine typische Kinderkrankheit, die man mit dem Älterwerden verliert?

DIE URSEHNSUCHT DES MENSCHEN

Unser Leben steht im Spannungsfeld zwischen Fernweh und Heimweh. Diese Spannung macht uns bewusst, dass wir seit der Vertreibung aus dem Paradies ein Vakuum in uns haben. Eine Leere mit viel Potenzial für innere Unruhe, aber auch mit dem Potenzial, sich nicht zufriedenzugeben, sondern auf die Suche zu machen. Diese Leere lässt sich

»DIE SUCHE NACH EINEM ZUHAUSE
FOLGT EINEM TIEFEN MENSCHLICHEN
GRUNDBEDÜRFNIS.«

nicht mit Konsum und Genuss ausfüllen. Auch Erfolg, Karriere und Reichtum sind keine probaten Mittel, um sie zu überwinden. Wir haben auf vielen Reisen die Welt gefunden, haben großartige Erfahrungen gemacht, aber zugleich das Traumland der Kindheit verloren, die Heimat. Was bleibt, ist die Sehnsucht nach einer heilen Welt, hinter der die reale weit zurückbleibt.

Die Suche nach Heimat, Geborgenheit und Liebe entspringt einer Ursehnsucht des Menschen. Diese Suche nach einem Zuhause folgt einem tiefen menschlichen Grundbedürfnis. Auch wenn viele es nicht wahrhaben wollen, diese Ursehnsucht hat mit Gott zu tun. Der Kirchenvater Augustinus von Hippo (354–430 nach Christus) bringt es auf den Punkt, wenn er vor Gott bekennt: »Unruhig ist unser Herz, bis es Ruhe findet in dir.«

KAPITEL 3
WIE FINDEN WIR HEIMAT?

EIN MÄRCHEN WEIST UNS DEN WEG

Was ist Heimat, wo ist Heimat, wie finden wir Heimat? Das bekannte Märchen vom »Hans im Glück« geht diesen Fragen nach. In dieser Geschichte steckt ein tiefer Sinn, den es zu entdecken gilt: Hans, ein fleißiger Bauernknecht, hat viele Jahre für seinen Herrn gearbeitet. Da bekommt er Heimweh und bittet den reichen Bauern um seinen verdienten Lohn. Hans bekommt ein Goldstück, so groß wie sein Kopf. Damit macht er sich auf den Heimweg.

Doch schon nach wenigen Kilometern spürt er die drückende Last des schweren Goldstücks. Da begegnet er einem Mann, der auf einem Pferd reitet. Der Anblick des Reiters weckt bei Hans Begehrlichkeiten. Der Reiter erkennt die Chance seines Lebens und tauscht sein Pferd gegen das Goldstück. Aber auch das Pferd entpuppt sich nicht als »Glücksgriff«. Es scheut und Hans landet unsanft auf dem Hosenboden. Da begegnet ihm ein Bauer mit einer Kuh. Hans überlässt ihm das Pferd für die Kuh. Mit der Kuh geht es ebenfalls nicht lange gut, und so findet das Tauschen seine Fortsetzung: Er gibt die Kuh für ein Schwein, tauscht bald das Schwein gegen eine Gans und zuletzt die Gans gegen einen abgenutzten Schleifstein, den ihm ein Scherenschleifer anbietet.

Immer das, was der andere hat, scheint Hans das Bessere, Erstrebenswertere und Angenehmere zu sein! Darin liegt eine tiefe Wahrheit unseres Lebens: Der ständige Vergleich mit dem Nächsten macht uns krank und unzufrieden. Das Schielen auf das »Glück« des anderen lässt uns nicht zur Ruhe kommen.

Das Märchen fügt noch eine weitere Pointe hinzu: Hans sitzt am Brunnenrand und wetzt Messer und Scheren, als ihm der Schleifstein in den Brunnen fällt. Jetzt kniet der aller Güter ledige Hans nieder und dankt Gott mit Tränen in den Augen, dass er ihn von seinen Lasten befreit habe. Der Besitz macht ihn erst froh, als er ihn los ist!

In dieser Situation geschieht etwas Seltsames: Hans erinnert sich an sein Zuhause. Er denkt an seine Mutter, die vielleicht an der Gartenpforte steht und auf ihn wartet. Sofort macht er sich auf den Weg. Als er daheim ankommt, weiß er, was Glück ist: Glück ist, dort zu sein, wo man eigentlich hingehört, wo man geliebt und verstanden wird. Dort, wo man erwartet wird!

WOHER KOMMEN WIR?

Wo kommen wir Menschen her? Diese Frage beschäftigt nicht nur Philosophen und Wissenschaftler seit vielen Jahrhunderten. Für jeden Menschen stellt sich dieselbe Frage: »Woher komme ich?« Meine Antwort mag Ihnen seltsam erscheinen: Wir Menschen kommen direkt aus dem Paradies! Als Gottes Geschöpfe hatten wir unseren Platz an der Seite Gottes. Gott war unser persönliches Gegenüber. Nun ist mit Paradies nicht ein märchenhafter Ort gemeint, den es nirgendwo gibt. Es geht vielmehr um die ungetrübte Gemeinschaft des Menschen mit Gott. Ein wahrhaft paradiesischer Zustand der Geborgenheit, der Ruhe und des Friedens, Schöpfer und Geschöpf in absoluter Harmonie. Ein Zustand, den wir uns heute nicht mehr vorstellen können.

Aber dann gab es den ersten Familienkrach. Der »halbwüchsige« Mensch maulte: »Ich ziehe aus! Ich will eigenständig leben, ich habe die ständige Bevormundung satt!« Der Griff nach der verbotenen Frucht war der erste »Störfall« im Verhältnis zwischen Gott und den Menschen (nachzulesen in 1. Mose 3). Es kommt zum sogenannten Sündenfall: sein zu wollen wie Gott.

> Der Mensch findet keine Ruhe mehr, weil er die Mitte seines Lebens verloren hat: die Beziehung zu Gott.

Damit war das paradiesische Leben jäh beendet. Seitdem ist der Mensch auf der Flucht, die endlosen Flüchtlingsströme durch die Jahrtausende der Geschichte reißen nicht mehr ab. Der Mensch hat sein Heimatrecht verloren, er ist nicht mehr dort, wo er eigentlich hingehört, sondern heimatlos, jenseits von Eden. Rastlos ist er seitdem auf der Suche nach Heimat. »Unstet und flüchtig sollst du sein auf Erden« (1. Mose 4,12), so Gottes Urteil über den aus dem Paradies vertriebenen Menschen. Der Mensch findet keine Ruhe mehr, weil er die Mitte seines Lebens verloren hat: die Beziehung zu Gott.

Mit der Vertreibung aus dem Garten Eden setzt Gott das Leben der Menschen unter völlig neue Vorzeichen: »Verflucht sei der Acker um deinetwillen! Mit Mühsal sollst du dich von ihm nähren dein Leben lang. Dornen und Disteln soll er dir tragen, und du sollst das Kraut auf dem Felde essen. Im Schweiße deines Angesichts sollst du dein Brot essen, bis du wieder zu Erde wirst, davon du genommen bist. Denn Staub bist du und zum Staub kehrst du zurück« (1. Mose 3,17–19). Das Leben ist durch die Sünde vergänglich geworden. An die Stelle des paradiesischen Lebens ist

»WENN IHR MICH VON GANZEM HERZEN SUCHEN WERDET, SO WILL ICH MICH VON EUCH FINDEN LASSEN« (JEREMIA 29,13.14).

die Mühsal getreten, der Kampf ums Überleben, dazu der Fluch der Vergänglichkeit.

WOZU LEBEN WIR?

Auch diese Frage hat Menschen zu jeder Zeit umgetrieben. Die Frage nach dem Lebenssinn ist so alt wie die Menschheit selbst. Jeder will gerne wissen, warum er hier ist, was er hier zu tun hat oder warum das Leben so läuft, wie es läuft. Eine Frage, die im Paradies völlig überflüssig war. Erst jenseits von Eden wird die Sinnfrage wach: Wer gibt dem Dasein einen Sinn, wenn am Ende der Tod doch alles zunichtemacht? Sobald wir uns mit dem Tod beschäftigen, stößt unser Denken an eine Grenze.

An einer Autobahnbrücke las ich in großen blauen Lettern: »Wer schneller lebt, ist eher fertig.« Irgendjemand hatte diesen Satz an die graue Betonwand gesprüht. In dieser Aussage verbirgt sich, bei aller Resignation, die darin steckt, die Frage nach dem Sinn des Daseins: Lohnt sich das Leben, wenn der Tod am Ende doch alles zerstört? Voller Sarkasmus sagte der amerikanische Filmregisseur, Autor und Schauspieler Woody Allen: »Ich habe keine Angst vor dem Sterben. Ich möchte nur nicht dabei sein, wenn es passiert.« Der aufgeklärte Mensch verschließt die Augen vor dem Tod, indem er sich ausschließlich mit dem Leben beschäftigt. Er vertraut der Lüge, dass wir nicht sterben müssen, weil wir nicht sterben wollen.

Haben Menschen in vergangenen Jahrhunderten den Sinn des Lebens in der Religion oder in sozialen Utopien wie etwa dem Marxismus gesucht, so denkt man heute eher an einen möglichst hohen Lebensstandard und an Lustmaximierung. Es geht darum, das Leben zu genießen und alle sich bietenden Möglichkeiten voll auszuschöpfen. Die existenziellen Fragen des Woher, des Wozu und des Wohin werden dabei weitgehend ausgeblendet und ignoriert.

EIN NEUER EGOISMUS MACHT SICH BREIT

Der im November 2016 gewählte US-Präsident Donald Trump sagte kurz nach seiner Wahl auf den Stufen des Kapitols in Washington: »Von heute an wird es nur noch ›America First‹ heißen, ›America First‹.« Vor 20 Jahren hätte kein demokratisch gewählter Präsident solch einen Satz sagen können, ohne einen weltweiten Aufschrei der Empörung zu provozieren. Inzwischen sind solche Aussagen kein Problem mehr, Trumps Einstellung findet längst weltweit Nachahmer. Ein neuer Egoismus breitet sich in unserer Gesellschaft aus. Egoismus ist cool. Durch diverse Werbespots wird diese Einstellung noch legitimiert. Das Rüpelhafte ist in der Öffentlichkeit zur Normalität geworden und setzt sich auch im privaten Leben fort.

Wer gehofft hat, dass in der Zeit der Corona-Pandemie Menschen in unserer Gesellschaft die Solidarität entdecken und näher zusammenrücken, ist im Großen und Ganzen enttäuscht worden. Es hat mich erschüttert, wie im Supermarkt um Toilettenpapier und Konserven gekämpft wurde. Es gab allerdings auch Menschen, die den Nächsten nicht

> Heute denkt man vorrangig an einen möglichst hohen Lebensstandard und an Lustmaximierung.

aus den Augen verloren haben, sondern Hilfsbereitschaft gelebt haben.

»Ich zuerst! Eine Gesellschaft auf dem Ego-Trip«, so lautet der Titel eines Buches. Die Autorin Heike Leitschuh spricht darin von »Ichlingen« und »Egozombies«. Als Auslöser der wachsenden Ichbezogenheit sieht die Politologin die sozialen Netzwerke und das Smartphone. Die Selfie-Manie, der Drang, sich überall in Szene zu setzen, gilt ihr geradezu als Sinnbild dieser Haltung. Und sie beklagt, dass es in der Politik und in der Wirtschaft kaum Vorbilder für ein menschlicheres Miteinander gebe.

> Sind die sozialen Netzwerke und das Smartphone wirklich die Auslöser für die wachsende Ichbezogenheit?

Die Bibel sagt über den Egoismus der Endzeit: »In der letzten Zeit vor dem Ende der Welt stehen uns schlimme Zustände bevor. Die Menschen werden selbstsüchtig, geldgierig, prahlerisch und eingebildet sein« (2. Timotheus 3,1.2; GNB). Die moralisch verkommene Situation unserer Gesellschaft erinnert an die Worte Jesu in Matthäus 24,37–39: »Denn wie es in den Tagen Noahs war, so wird es sein beim Kommen des Menschensohns. Denn wie sie waren in den Tagen vor der Sintflut – sie aßen, sie tranken, sie heirateten und ließen sich heiraten bis an den Tag, an dem Noah in die Arche hineinging; und sie beachteten es nicht, bis die Sintflut kam und raffte sie alle dahin –, so wird es auch sein beim Kommen des Menschensohns.« Das Leben der Menschen damals lässt sich auf drei Worte reduzieren: Essen, Trinken, Sex! Heute könnte man noch hinzufügen: play and fun, Spiel und Spaß. Da ist kein Raum für Gedanken an Gott oder gar an das Gericht!

NOAH – SEIN NAME STEHT FÜR GERICHT

Auch Christen reden heute nur ungern vom Gericht Gottes, weil sie die Kritik und Häme der Zeitgenossen fürchten. Viel lieber sprechen wir von der Liebe Gottes. Doch sein Gericht und seine Liebe gehören zusammen. Die Größe der Liebe zeigt sich erst vor dem Hintergrund des Gerichts. »Denn wir müssen alle offenbar werden vor dem Richterstuhl Christi, auf dass ein jeder empfange nach dem, was er getan hat im Leib, es sei gut oder böse« (2. Korinther 5,10). Das Gericht Gottes begann bereits mit der Vertreibung aus dem Paradies – der Mensch wurde vergänglich und sterblich – und hat seinen Höhepunkt im Sterben des Sohnes Gottes am Kreuz. Er nimmt die Strafe für die Sünde der Menschen aller Zeiten und damit das Gericht Gottes auf sich, damit wir straffrei ausgehen und das ewige Leben ererben können.

Vor Jahrtausenden wurde die Erde von einer gewaltigen Naturkatastrophe, der Sintflut, heimgesucht. Es war nicht eine x-beliebige Naturkatastrophe, sondern Gottes Strafgericht. Er selbst hat die Flut angeordnet. »Und er sprach: Ich will die Menschen, die ich geschaffen habe, vertilgen von der Erde, vom Menschen an bis hin zum Vieh und bis zum Gewürm und bis zu den Vögeln unter dem Himmel; denn es reut mich, dass ich sie gemacht habe. Aber Noah fand Gnade vor dem Herrn« (1. Mose 6,7.8).

Gott ließ die Menschen durch Noah warnen, doch sie hörten nicht auf ihn, sie nahmen seine Worte einfach nicht ernst: »Und sie beachteten es nicht« (Matthäus 24,39). Noahs Warnruf konnte niemand aus der Normalität des Alltags herausreißen. Sie haben sich ihre gute Laune nicht verderben lassen und weiter ihre Feste gefeiert. So wie zu Beginn der Corona-Pandemie lustig »Corona-Partys« veranstaltet wurden, als wäre die Lage nicht ernst zu nehmen. Auch Noah gelang es nicht, die Menschen zum Nachdenken zu bringen.

Dann kam die Flut – und nur Noah und seine Familie wurden gerettet. Vielleicht haben die Menschen verzweifelt an die Tür der Arche geklopft, die Spötter, die ihn beim Bau der Arche verlacht und für einen Narren gehalten hatten. Nun aber werden sie um ihr Leben geschrien haben. Warum hat Noah ihnen die Tür nicht geöffnet? Er konnte nicht, denn Gott selbst hatte die Arche von außen verschlossen. Für ihre Rettung war es zu spät!

> Wir sind ein Volk der Sünde geworden, unsere Gesellschaft tritt Gottes Gebote mit Füßen.

WIR HABEN IMMER EINE ERKLÄRUNG PARAT

Heute ist es allgemein üblich, den Bericht von der Sintflut (1. Mose 7) lediglich als einen Mythos zu betrachten. Viele Theologen behaupten, es handle sich dabei nur um eine Erinnerung an eine regional begrenzte Überschwemmung im alten Orient. Es ist jedoch auffällig, wie viele Völker sich in ihrer Überlieferung eine Erinnerung an diese weltweite Flut bewahrt haben. »Flutsagen« finden sich auf allen Kontinenten. Auch wenn sie sich in Einzelheiten unterscheiden, in grundsätzlichen Punkten herrscht eine bemerkenswerte Übereinstimmung.

In der Bibel finden wir einen authentischen Tatsachenbericht über die Sintflut. Und doch haben wir die Erinnerung an die

Flut als Gericht Gottes längst verdrängt. Schließlich hat der Mensch für die verschiedenen Naturkatastrophen immer eine plausible Erklärung parat. Es wird vergessen, dass Gott die Oberhoheit über das Schicksal der Erde hat: »Geschieht etwa ein Unglück in der Stadt, und der Herr hat es nicht getan?« (Amos 3,6).

Ob der gefährliche Corona-Erreger nun aus einem Labor in Wuhan stammt oder von Tieren der vielen Wildtiermärkte in China auf den Menschen übertragen wurde, ist dabei nicht von Bedeutung. Dass hinter dieser Pandemie Gottes Gericht stehen könnte, darf man heute nicht aussprechen, ohne eine Lawine der Entrüstung auszulösen. Tatsächlich werden im Alten und im Neuen Testament Seuchen und Krankheiten aber durchaus als Strafe Gottes für die Sünden des Volkes gesehen (5. Mose 28,58–61; Johannes 5,14; Apostelgeschichte 12,23).

Wir sind ein Volk der Sünde geworden, unsere Gesellschaft tritt Gottes Gebote mit den Füßen. Ich denke dabei an die Abtreibung unzähliger ungeborener Kinder. Ein schreckliches Verbrechen, das oft noch mit dem »Recht des Menschen auf Selbstbestimmung« verharmlost und entschuldigt wird. Auch der Beschluss des Bundestages vom 30. Juni 2017 pro »Ehe für alle« widerspricht dem biblischen Verständnis von Ehe und Familie. Man kann in dieser Entscheidung des Bundestages durchaus einen Meilenstein in der endzeitlichen Entwicklung unserer Gesellschaft sehen. Wer an einem biblischen Gottesbild festhält, weiß um die Heiligkeit Gottes, der Sünde nicht einfach ungestraft lassen kann. Gott ist nicht nur ein Gott der Liebe, sondern zugleich auch ein verzehrendes Feuer (Hebräer 12,29).

Wer meint, die Bedrohung durch COVID-19 werde Menschen zum Nachdenken über Gott und den Glauben bringen, wird wohl enttäuscht werden. Trotzdem sollten wir die Hoffnung nicht aufgeben und die Zeit nutzen, um möglichst vielen die gute Nachricht des Evangeliums weiterzugeben. Gott kann auch heute versteinerte Herzen verwandeln und gescheiterte Menschen mit neuer Hoffnung erfüllen. Und wir sollten beten, denn das Gebet verändert Situationen, Ansichten und Denkweisen. »Des Gerechten Gebet vermag viel, wenn es ernstlich ist« (Jakobus 5,16). Wenn früher eine Katastrophe über ein Volk kam, riefen der Landesherr und die Kirchen einen Buß- und Bettag aus und baten Gott um Hilfe. Heute hört man nichts von einem entsprechenden Appell der offiziellen Kirchenführer. Sie schweigen ebenso wie die Politiker. Soweit ich weiß, war Bayerns Ministerpräsident Markus Söder der Einzige, der vom Gebet sprach und dazu aufrief.

IGNORANZ ALS MODERNE FORM DES UNGLAUBENS

Wer will heute ans Gericht denken? Wir leben im Wohlstand, es geht uns gut, wir arbeiten und amüsieren uns. Wir achten darauf, dass wir unseren Lebensstandard nicht verlieren, und pflegen unser Image. Aber Gottes Gericht? Dafür ist kein Platz in der Gesellschaft. Trotz Coronavirus, trotz globaler Klimaerwärmung, trotz plastikvermüllter Weltmeere, trotz vielfältiger Umweltzerstörung. »Und sie beachteten es nicht« (Matthäus 24,39). Ignoranz ist zu einer modernen Form des Unglaubens geworden. So wie Noah von seinen Zeitgenossen ignoriert wurde, ignoriert man heute die Aussagen der Bibel und verschließt die Augen vor der Wirklichkeit. Man will die Zeichen der Zeit nicht erkennen. Schon diese Benennung – »Zeichen der Zeit« – provoziert und schafft oft eine ablehnende Haltung!

DIE ZEICHEN DER ZEIT ERKENNEN

Was die Wiederkunft Jesus anbelangt, nennt die Bibel keinen genauen Zeitpunkt. Dafür nennt sie aber Zeichen, die deutlich darauf hinweisen, dass das Kommen Jesu bevorsteht. Vergessen wir nicht: Das Ende der Welt wird nicht von Menschen inszeniert – es ist

> Gott selber wird dieser Welt und der Menschheitsgeschichte ein Ziel und ein Ende setzen.

Gott selber, der dieser Welt und der Menschheitsgeschichte ein Ziel und ein Ende setzt. In seinen sogenannten Endzeitreden (Matthäus 24 und 25, hier 24,37) sagt Jesus für die Zeit vor seinem Kommen: »Denn wie es in den Tagen Noahs war, so wird es sein beim Kommen des Menschensohns.« Achten wir also auf die Zeichen der Zeit, die Jesus hier aufzählt:

• **Kriege und Kriegsgeschrei** (Matthäus 24,6.7)

Kriege gab es schon immer, sie sind eine Folge des Sündenfalls, des Lebens fern von Gott. Es begann mit dem Brudermord, als Kain aus Neid seinen Bruder Abel erschlug (1. Mose 4,8). Die Geschichte der Menschheit ist eine Geschichte unzähliger kriegerischer Auseinandersetzungen und doch sehen wir eine deutliche Steigerung: Im letzten Jahrhundert fanden außer den zwei Weltkriegen zahlreiche

»DIE GESCHICHTE DER MENSCHHEIT IST EINE GESCHICHTE UNZÄHLIGER KRIEGE. 180 MILLIONEN MENSCHEN KAMEN ALLEIN IM 20. JAHRHUNDERT UMS LEBEN.«

weitere blutige Kriege statt, etwa in Korea, in Vietnam, zwischen Iran und Irak, zwischen Arabern und Israelis, im früheren Jugoslawien, in Afghanistan, in Tschetschenien, in Nordirland, in vielen Ländern Afrikas … Dazu in der Gegenwart der Konflikt zwischen Russland und der Ukraine, der Bürgerkrieg in Syrien, die Kämpfe im Jemen … Es würde zu weit führen, alle Kriege aufzuführen. Im 20. Jahrhundert sind nahezu 180 Millionen Menschen dabei ums Leben gekommen. Eine grausame Zahl – das sind mehr Opfer als in all den Jahrhunderten davor. Und: Es ist keine Wende in Sicht! Viele Menschen haben Angst vor einer atomaren Vernichtung der Menschheit. Doch hier hat die Bibel eine erfreuliche Nachricht: »Ihr werdet hören von Kriegen und Kriegsgeschrei; seht zu und erschreckt nicht. Denn es muss geschehen. Aber es ist noch nicht das Ende« (Matthäus 24,6). In diesem Wort Jesu steckt die Zusage Gottes, dass sich die Menschheit nicht durch einen Krieg selbst vernichten wird. Wenn die Krisenherde und die Konflikte zwischen Völkern zunehmen, brauchen wir nicht zu erschrecken, denn das wird nicht das Ende der Welt bedeuten, sondern es ist erst der Anfang vom Ende.

• Weltweite Naturkatastrophen und Erdbeben (Matthäus 24,7)

Überschwemmungen, Flutkatastrophen, Stürme, Dürren, Waldbrände und Erdbeben verursachten in den vergangenen 20 Jahren mehr als doppelt so hohe Schäden wie in den 20 Jahren davor, berichtete das UN-Büro für Katastrophenvorsorge (UNISDR, jetzt UNDRR) anhand einer UN-Studie in Genf (2018). Fast jedes Jahr werden neue Katastrophenrekorde verzeichnet.

»Wenn man Naturkatastrophen unterteilt in geophysikalische und meteorologische, dann kann man sehen: Es gibt einen klaren Trend der Zunahme von wetter- und klimabedingten Katastrophen – während die Zahl von Katastrophen wie Vulkanausbrüche und Tsunamis mehr oder weniger gleich geblieben ist«, lässt die Welt-Meteorologie-Organisation WMO verlauten.

Naturkatastrophen sollten und zum Nachdenken bringen und uns die Zerbrechlichkeit unseres Daseins vor Augen führen.

Erdbeben zählen zu den häufigsten Naturkatastrophen. Sie entstehen durch den ruckhaften Abbau von Spannungen in der Erdkruste und finden meistens entlang der kontinentalen Plattengrenzen statt. Das liegt daran, dass die Platten auf einem flüssigen Untergrund schwimmen. Die seismologischen Messgeräte der Erdbebenforscher zeichnen täglich – oftmals nur kleine – Erschütterungen auf, die wir gar nicht wahrnehmen.

Naturkatastrophen sollten uns zum Nachdenken bringen und uns die Zerbrechlichkeit unseres Daseins vor Augen führen. Wir haben zu lange geglaubt, dass wir unverwundbar sind, dass es immer nur schneller, höher, weiter geht. Könnte es sein, dass Gott auch Naturkatastrophen benutzt, um Menschen auf ein Ende der Geschichte aufmerksam zu machen? Noch ist »Gnadenzeit«, noch streckt Jesus seine rettende Hand nach jedem einzelnen Menschen aus, um ihn zu retten.

• **Hunger in der Welt** (Matthäus 24,7)

Auch Hungersnöte nennt Jesus als ein Zeichen der Zeit. Wir in Mitteleuropa leben im Wohlstand und spüren noch nichts von Notzeiten. Wie es nach der Corona-Krise wirtschaftlich in Deutschland aussehen wird, ist allerdings ungewiss. Es kann durchaus sein, dass wir in »teure Zeiten« geraten und vor ganz neue Herausforderungen gestellt werden.

Schon jetzt sterben etwa acht Millionen Menschen jährlich an Hunger und etwa die Hälfte der Weltbevölkerung hungert. Das ist vor allem eine Folge von Armut. Wer arm ist, hat kein Geld für Essen und kann auch nicht für die eigene Gesundheit sorgen und noch weniger in die Bildung der Kinder investieren. Frauen und Kinder sind dabei besonders betroffen. Nur eine regionale Landwirtschaft kann Armut und Hunger überwinden.

Die Corona-Pandemie ist gegenwärtig nicht die einzige Katastrophe. Da wir intensiv mit ihr beschäftigt sind, nehmen wir viele andere Ereignisse nicht mehr wahr. Zurzeit fallen Milliarden von Heuschrecken über weite Teile Ostafrikas her. In nur wenigen Minuten fressen sie ganze Felder und Weideflächen kahl. Laut der Welternährungsorganisation FAO vernichtet ein kleiner Schwarm dabei etwa den Ernteertrag, der reichen würde, um 35000 Menschen an einem Tag zu ernähren.

»In unserer Welt des Überflusses gibt es keine Entschuldigung für Tatenlosigkeit oder Gleichgültigkeit«, sagt der UN-Generalsekretär António Guterres. Für die Rüstung werden weltweit astronomische Summen ausgegeben. Trotz zwischenzeitlicher Entspannung wird in Waffen investiert wie nie zuvor. Die militärische Aufrüstung und kriegerische Konflikte verschlingen die finanziellen Mittel, die dringend nötig wären, um wirkungsvoll den Hunger, insbesondere in Afrika, zu bekämpfen.

»WIE ES NACH DER CORONA-KRISE WIRTSCHAFTLICH IN DEUTSCHLAND AUSSEHEN WIRD, IST NOCH UNGEWISS.«

• Weltweite Christenverfolgung (Matthäus 24,9–13)

»Derzeit herrscht die größte Christenverfolgung aller Zeiten. Nach aktuellen Schätzungen sind in den 50 Ländern mit der stärksten Christenverfolgung rund 260 Millionen Christen einem hohen bis extremen Maß an Verfolgung ausgesetzt, weil sie sich zu Jesus Christus bekennen«, so das Hilfswerk Open Doors. Christen leiden in vielen Ländern nicht nur an einem Mangel an Religionsfreiheit, ihnen werden auch grundlegende Menschenrechte vorenthalten. In den vergangenen Jahren hat Open Doors zunehmend beobachtet, dass sich die Verfolgung von Christen von staatlicher Seite immer mehr auf die private Ebene der Familie, der Nachbarn und der Dorfgemeinschaften verlagert hat. Auch dieses Phänomen ist als Verfolgung zu verstehen, da es für die Opfer keinen Unterschied macht, wer sie bedrängt.

Noch sind wir in Westeuropa davon ausgenommen und können frei unseren Glauben leben. Dies muss aber nicht immer so bleiben, wir haben dafür keine Verheißung, im Gegenteil, wir sollten darin eher einen Ausnahmezustand sehen. Wenn manche Christen an Schulen und am Arbeitsplatz gemobbt werden, mag dies lediglich ein kleiner Vorgeschmack sein.

• Ungerechtigkeit und Lieblosigkeit triumphieren (Matthäus 24,12)

»Und weil die Missachtung des Gesetzes überhandnehmen wird, wird die Liebe in vielen erkalten«, sagt Jesus voraus. Kennen Sie das Gefühl der Ohnmacht, dass die Ungerechtigkeit auch unsere Gesellschaft beherrscht? Da sind die Spendenaffären in der Politik, die uns zeigen, dass nicht einmal diejenigen die Gesetze halten, die sie gemacht haben. Dabei bezieht sich die Bibel beim Begriff »Missachtung des Gesetzes« nicht nur auf die Regelungen von staatlicher Seite, sondern auch auf Gottes Gesetze wie die Zehn Gebote. Als Ursache für die verlorene Liebe nennt Jesus die Gesetzlosigkeit. Die zitierte Aussage Jesu betrifft nicht nur die gottferne Welt, sondern ist zuerst auf den Alltag der Gemeinde bezogen. Die Gemeinde der Endzeit hat die Liebe verloren (Offenbarung 3,14–20) und lebt nur noch eine angepasste, selbstzufriedene Frömmigkeit.

Wir sind als Christen dazu berufen, dem Bild unseres Herrn Jesus Christus ähnlicher, ja sogar gleich zu werden. Er selber sagt: »Ein neues Gebot gebe ich euch, dass ihr euch untereinander liebt, wie ich euch geliebt habe, damit auch ihr einander lieb habt. Daran wird jedermann erkennen, dass ihr meine Jünger seid, wenn ihr Liebe untereinander habt« (Johannes 13,34.35). Wenn wir schon keine Liebe für unsere Glaubensgeschwister haben, wie wollen wir dann erst Menschen, die Gott fernstehen, lieben? »Die Liebe erkaltet dann, wenn sie sich von der Bindung an Gottes Gebote emanzipiert«, schreibt Gerhard Maier. »Gesetzlosigkeit bedeutet, dass das Evangelium vom Gesetz Gottes gelöst und damit zur billigen Gnade wird.« Die Lieblosigkeit unter Christen wächst also mit dem Einfluss des Zeitgeistes. Nicht mehr die Bibel prägt unser Leben, sondern der Geist der Zeit mit seiner gottlosen Lebensweise. Da wird dann etwa Sünde immer mehr toleriert und entschuldigt, da werden christliche Werte für überholt und nicht mehr zeitgemäß erklärt.

• Das Evangelium für alle Völker (Matthäus 24,14)

Vor der Wiederkunft Jesu wird das Evangelium auf der ganzen Welt gepredigt werden. Noch vor 50 Jahren schien dieses Ziel unerreichbar, da insbesondere die kommunistischen Länder keine Mission und keine Missionare zuließen. Die Volksrepublik China mit 1,4 Milliarden Einwohnern erlaubt noch immer keine öffentliche Verkündigung des Evangeliums. Auch in den islamischen Ländern herrscht in der Regel keine religiöse Freiheit.

Im Zeitalter von Satelliten, Fernsehen und Internet ist indessen die Möglichkeit gegeben, das Evangelium auch in die entferntesten Teile der Erde zu bringen. Das Internet hat unsere Gesellschaft verändert, meist zum Negativen. Für die Missionierung der Welt liefert es uns jedoch eine Steilvorlage. Denn das World Wide Web hilft bei der weltweiten Mission und kann durch totalitäre Regime nur schwer kontrolliert werden. Es wird darum nicht mehr lange dauern, bis das Evangelium auf der ganzen Welt verkündigt ist, und dann wird Jesus wiederkommen.

> Das Internet hat unsere Gesellschaft verändert, meist zum Negativen. Für die Missionierung der Welt liefert es uns eine Steilvorlage.

• Falsche Propheten (Matthäus 24,5.11)

Die Verführung war von Anfang an die Hauptwaffe Satans. Am Anfang der Menschheitsgeschichte verführte er Adam und Eva. Es ist eine äußerst geschickte Frage, mit der die Schlange im Paradies die ersten Menschen zu Fall bringt: »Sollte Gott gesagt haben?« (1. Mose 3,1). Die Verführung der Gemeinde ist eines der großen Kennzeichen der Endzeit. In seinen Endzeitreden spricht Jesus mehrmals von Verführung: dass nämlich falsche Messiasse, falsche Propheten und falsche Lehrer auftreten werden, denen es gelingen wird, Christen zu verführen. Es sind Bibelabschnitte, die man heute weitgehend meidet und über die kaum gepredigt wird!

Auch die Bibelkritik ist eine Form der Verführung, sie stellt dieselbe Frage: »Sollte Gott gesagt haben?« Der Appell an die Vernunft und den Verstand kann doch nicht falsch sein!? Es lässt sich beobachten, dass durch die historisch-kritische Methode eine grundsätzliche Skepsis gegenüber der Bibel und ihren Aussagen wächst. Dieses Misstrauen wirkt wie eine schleichende Krankheit, es beeinflusst und bestimmt den Umgang mit der Bibel und untergräbt das Vertrauen zu ihr. Der menschliche Verstand, die menschliche Logik wird dabei über die Bibel gestellt. Wenn auf der historisch-wissenschaftlichen Auslegung die Gewissheit des Glaubens beruhen müsste, dann würde sie immer schwankend und fragwürdig bleiben, denn diese Methode kann dem Glauben kein sicheres Fundament geben. Die evangelikale Bewegung steht hier vor einer grundlegenden Entscheidung. Wenn sie nicht in den Sog der liberalen Theologie und Kirchen geraten möchte, braucht sie eine Rückkehr zur Bibel. Der einzige Schutz vor Verführung ist eine uneingeschränkte Liebe zu Jesus Christus und zu seinem Wort, der Bibel: »Himmel und Erde werden vergehen; aber meine Worte werden nicht vergehen« (Matthäus 24,35).

> In der persönlichen Begegnung mit Gott erfährt unser Leben seine schöpfungsgemäße Bestimmung.

GOTT BEGEGNEN

Die Größe und Würde des Menschen, der »Krone« der Schöpfung Gottes, besteht darin, dass er nur in Gott die Erfüllung seines Daseins findet. Dieses Moment der Begegnung mit Gott, dem Schöpfer, zieht sich wie ein roter Faden durch die Bibel. Sie ist ein Buch der Begegnung. Gott begegnet ganz unterschiedlichen Menschen in ganz unterschiedlichen Situationen.

Der moderne Mensch aber hat es verlernt, Gott zu begegnen. Ein langer Prozess der Entfremdung hat ihn für Gottes Signale (und für das Wirken des Heiligen Geistes) immun gemacht. Wie findet nun der Mensch einen persönlichen Gott? Wie kann er ihm begegnen?

»Heimat ist dort, wo man eigentlich hingehört« – so die Quintessenz aus dem Märchen vom »Hans im Glück«. Als Geschöpfe Gottes gehören wir in die Gemeinschaft mit ihm. Er will unser Gegenüber sein. Durch den Glauben an Gott finden wir wieder zu ihm zurück. In der persönlichen Begegnung mit ihm erfährt unser Leben seine schöpfungsgemäße Bestimmung.

Jesus sagt: »Ich bin der Weg und die Wahrheit und das Leben; niemand kommt zum Vater denn durch mich« (Johannes 14,6). Jesus ist als der Sohn Gottes der Einzige, der uns wieder in die verlorene Gemeinschaft mit Gott, dem Vater, zurückbringen kann. Dieser Weg zurück zu Gott ist nicht ohne Hindernisse. Satan, der Gegenspieler Gottes, setzt alles daran, damit Menschen fern von Gott bleiben und nicht zu ihm finden. Dagegen steht Gottes Versprechen in der Bibel: »Wenn ihr mich von ganzem Herzen suchen werdet, so will ich mich von euch finden lassen« (Jeremia

29,13.14). Gott ist immer nur ein Gebet weit von uns entfernt!

CHRIST WERDEN IST HEIMAT FINDEN

In Marburg hängt an einem alten Fachwerkhaus in der Altstadt eine Steinplatte, die an einen ehemaligen Bürger der Stadt, den Augenarzt Professor Johann Heinrich Jung-Stilling (1740–1817), erinnert. Auf dieser Gedenktafel steht: »Selig sind, die das Heimweh haben, denn sie sollen nach Hause kommen.« Aus seiner Biografie geht hervor, dass mit Heimkommen sein persönliches Heimkommen zu Gott gemeint ist. Christwerden ist ein Heimkommen zu Gott, dem Vater.

Wenn man den Statistiken glaubt, sind wir ein »christliches Volk«. Die Statistik beantwortet aber nicht die Frage, wer wirklich als Christ lebt. Sicher ist: Immer mehr Menschen wissen immer weniger über Gott und den christlichen Glauben. Wer weiß schon eine Antwort auf die Frage, wie man Christ wird und wie man als Christ lebt? Vielleicht ist es nötig, zuerst einige weitverbreitete Missverständnisse anzusprechen, um zu erkennen, was einen Menschen zum Christen macht und was nicht:

- Ein Christ ist nicht, wer ein moralisch vorbildliches Leben führt. Christsein ist nicht identisch mit hohen moralischen Idealen.
- Christ wird man nicht automatisch durch die Mitgliedschaft in irgendeiner Kirche oder Gemeinde. Auch Taufe und der Eintrag in ein Kirchenbuch machen mich nicht zwangsläufig zu einem Christen.

- Regelmäßiger Gottesdienstbesuch und die Pflege christlicher Traditionen sind ebenfalls nicht der Kern des Christseins.

Hier geht es um grundlegende Missverständnisse, die eines gemeinsam haben: Christsein wird immer im Tun, in einer Leistung des Menschen festgemacht. Genau hier liegt der große Trugschluss. Der Kern des Christseins besteht nicht in Leistungen, die der Mensch erbringen muss, nicht in Vorschriften, die es zu erfüllen gilt, sondern es geht um eine Beziehung. Es geht um die persönliche Beziehung des Menschen zu Jesus Christus.

»WARUM SOLLTE ICH CHRIST WERDEN?«

»Mir geht es auch so recht gut. Außerdem bin ich absolut kein religiöser Typ. Ich interessiere mich für ganz andere Dinge im Leben.« Vielleicht gehen Ihre Argumente in eine ähnliche Richtung. Es geht Ihnen gut, Sie haben Erfolg und können sich viele Wünsche erfüllen. Ich gönne Ihnen Ihr Lebensglück. Trotzdem bitte ich Sie: Sehen Sie doch einmal über den engen Horizont Ihres Lebens hinaus. Psychologen sagen: Wir leben im Zeitalter gestörter Beziehungen. In Partnerschaft, Familie, unter Völkern und zwischen Religionen.
Die Welt leidet unter den Folgen des verlorenen Paradieses, unter der Trennung von Gott. Wir spüren, dass mit der Welt etwas nicht stimmt. Der von Menschen vollzogene Bruch der Gemeinschaft mit Gott führte auch zum Bruch mit der Schöpfung. Der Mensch ist alles andere als ein »weiser Re-

gent«, der vernünftig über die Schöpfung herrscht. Er tut vielmehr das Gegenteil, indem er sie ausbeutet. In diesem Zustand zerstörter Beziehungen fragen wir dennoch nicht nach Gott, sondern entwickeln stattdessen eigene Wege und Ideologien, die aber keinen Ausweg bringen.

»Warum sollte ich Christ werden?« Weil wir Gottes Ebenbild sind und von Gott geliebt sind. Weil er uns versteht und wir bei ihm ein Zuhause finden. Weil unser Leben erst in der Beziehung mit Gott zum Ganzen wird und seine schöpfungsgemäße Erfüllung erfährt:

BEI GOTT GELIEBT

> Wir Menschen sind die Einzigen, die in der Lage sind, Gottes Liebe zu erwidern.

Es tut einfach gut, zu wissen, dass man geliebt ist. Das Traurige: Viele Menschen werden nicht wirklich geliebt. Man liebt ihre Leistung, ihren Erfolg, ihr Aussehen, ihr Geld – aber nicht sie als Individuen, als einzigartige Personen. Anders ist es bei Gott. Er liebt uns bedingungslos, einfach so. Egal, wie meine Gefühle sind: Gott liebt mich: »Darin besteht die Liebe: nicht dass wir Gott geliebt haben, sondern dass er uns geliebt hat und gesandt seinen Sohn zur Versöhnung für unsre Sünden« (1. Johannes 4,10). »Seht, welch eine Liebe hat uns der Vater erwiesen, dass wir Gottes Kinder heißen sollen – und wir sind es auch!« (1. Johannes 3,1). Wir sind Gott und Jesus so wichtig, dass Jesus die Herrlichkeit des Himmels verlassen hat, um uns zu retten, damit wir seine geliebte Tochter und sein geliebter Sohn werden können. Und: Wir Menschen sind die Einzigen, die in der Lage sind, Gottes Liebe zu erwidern.

BEI GOTT VERSTANDEN

Wenn wir von Gott reden, dann meinen viele Menschen ein Wesen in einer anderen, höheren Dimension, zu der unser Denken und unsere Vorstellungskraft letztlich keinen Zugang haben. Kann der allmächtige Gott, der in jeder Beziehung vollkommen ist, für den es keine unlösbaren Probleme gibt, uns Menschen, die wir alles andere als vollkommen sind, überhaupt verstehen? Muss er nicht in seiner Größe der ferne und unnahbare Gott bleiben? Können ihm unsere alltäglichen Nöte, unsere Probleme und unsere Krankheiten überhaupt wichtig erscheinen? Kann der ewige Gott wirklich mit uns fühlen und uns verstehen?

> Wer kein Zuhause hat, an dem zerren die inneren und äußeren Stürme. Der weiß nicht, woher er kommt und wohin es geht.

In vielen Religionen ist Gott eine ferne, eine richtende und verdammende Instanz. Ein völlig anderes Bild zeichnet die Bibel: Jesus, Gottes Sohn, ist der Retter und Helfer, ein persönlicher Heiland, der dich versteht und der sich um dich kümmert. Egal, was mich quält, egal, welche Probleme mich belasten: Er versteht mich und will mir helfen! Er ist für mich Mensch geworden und hat für mich am Kreuz gelitten. Sein Leben auf dieser Erde war dadurch gekennzeichnet, dass er sich Menschen persönlich zugewandt hat. Obwohl er vor Hunderten und Tausenden gepredigt hat, war bei ihm immer zuerst der Einzelne im Fokus: die Schwiegermutter des Petrus, der blinde Bartimäus, die Frau am Jakobsbrunnen, der besessene Gadarener.

BEI GOTT ZU HAUSE

Wir hatten die Freiheit und die Möglichkeit, im Paradies zu leben. Doch jetzt leben wir fern vom Paradies in der Fremde, in einem »fernen Land« – wie der verlorene Sohn im Gleichnis in Lukas 15. Jenseits von Eden ist der Mensch immer auf Wohnungssuche, er ist noch nicht angekommen. Wer kein Zuhause hat, an dem zerren die inneren und äußeren Stürme. Der weiß nicht, woher er kommt und wohin es gehen wird: Unbehaust sein ist ein schreckliches Lebensgefühl!

Aber es ist für uns bereits ein Zuhause vorbereitet. Eine Wohnung, die nie mehr saniert oder tapeziert werden muss. Jesus selbst hat es versprochen: »Euer Herz erschrecke nicht! Glaubt an Gott und glaubt an mich! In meines Vaters Hause sind viele Wohnungen. Wenn's nicht so wäre, hätte ich dann zu euch gesagt: Ich gehe hin, euch die Stätte zu bereiten? Und wenn ich hingehe, euch die Stätte zu bereiten, will ich wiederkommen und euch zu mir nehmen, auf dass auch ihr seid, wo ich bin. Und wo ich hingehe, dahin wisst ihr den Weg« (Johannes 14,1–4). Ist das nicht ein großartiges Versprechen? Wir haben ein Zuhause bei Gott – in Ewigkeit!

»BÜRGERRECHT IM HIMMEL«

Menschen, die an Christus glauben, sind darum »Fremdlinge und Gäste auf Erden« (Hebräer 11,13). Sie sind Durchreisende, Wanderer zwischen zwei Welten. Auch Jesus sieht sich während seines irdischen Lebens als heimatlos, wenn er sagt: »Die Füchse haben Gruben, und die Vögel unter dem Himmel haben Nester; aber der Menschensohn hat nichts, wo er sein Haupt hinlege« (Lukas 9,58). Der Apostel Paulus bringt in Philipper 3,20 unsere Stellung auf den Punkt: »Wir aber sind Bürger im Himmel.« Wir gehören dorthin, wo Christus ist; da sind wir eingeschrieben, dort haben wir unser »Bürgerrecht im Himmel«.

Es bleibt für Christen stets ein Rest Unbehaustsein, ein Rest Heimatlosigkeit in dieser Welt. Und das ist auch gut so. Denn dann bleibt die Gewissheit in uns lebendig, dass wir eine andere Heimat haben, die uns niemand nehmen kann – die wir betreten, wenn wir diese Welt verlassen. Der Blick aus der Perspektive der Ewigkeit rückt die Maßstäbe zurecht. Und dies gilt auch für die gegenwärtige Situation unseres Lebens!

EWIGE HEIMAT FINDEN

Nach unserem Umzug wurden wir als Familie Zeugen einer Tiertragödie. Wir hatten uns längst an den regen Betrieb um den Taubenschlag in unserer Nachbarschaft gewöhnt, als der Besitzer starb. Kurze Zeit später schafften die Erben die Tauben ab und rissen den Taubenschlag ab. Währenddessen waren jedoch einige der Vögel unterwegs auf Orientierungsflügen. Als sie nach tagelanger »Reise« wieder zurückkamen, fanden sie den Platz ihres Stalles leer. Heimat- und herrenlos saßen sie noch tagelang auf dem Dach eines Nachbarhauses. Die Tauben wussten nicht, wie ihnen geschehen war.

Wird es manchen Menschen am Ende ihrer Lebensreise ebenso ergehen? Am Ende ohne Ziel, ohne Bleibe? Die

Bibel spricht von der »Ewigkeit«, die für Christen hier schon beginnt und nach unserem Tod ihre überirdische Fortsetzung findet. Viele verbinden mit dem »Himmel« eine schrecklich langweilige Angelegenheit. Wer kann es sich schon vorstellen, den ganzen Tag auf einer Wolke zu sitzen, verklärt vor sich hin zu lächeln und pausenlos fromme Lieder zum Harfenspiel der Engel zu singen? Diese Vorstellung in den Köpfen mancher Menschen ist indessen nur eine naive Karikatur, die mit dem, was die Bibel uns andeutungsweise enthüllt, nichts zu tun hat. Der Himmel ist kein langweiliges religiöses Museum. Der Himmel ist unvorstellbar. Er übertrifft unsere kühnsten Träume und Erwartungen. Was Gott für seine Leute bereithält, sprengt jegliche Vorstellungskraft (Jesaja 65,17). Eine Welt Gottes mit unfassbarem Glanz und Frieden. Für Menschen, die an Jesus glauben, ist der Himmel keine fragwürdige, vage Angelegenheit. Er ist ihre ganze Hoffnung und Zukunft, der sie entgegengehen. Die Bibel zeigt, dass Jesus Christus der Mittelpunkt der himmlischen Herrlichkeit ist. Wir werden sein, wo er ist, und werden ihn sehen, wie er ist, und wir werden ihm gleich sein (Johannes 14,3; 1. Johannes 3,2).

IM BUCH DES LEBENS EINGESCHRIEBEN

Ein Mann aus meinem Bekanntenkreis hatte, als er in Rente ging, die große Sorge, dass man ihn und sein Lebenswerk schnell vergessen und niemand mehr nach ihm fragen würde. Dass all das, was er mit so viel Engagement und Herzblut aufgebaut hatte, einmal in Vergessenheit geraten könnte, war für ihn eine schier unerträgliche Angst und Sorge. Eine

»JESUS SAGT: ICH BIN DER WEG UND DIE WAHRHEIT UND DAS LEBEN; NIEMAND KOMMT ZUM VATER DENN DURCH MICH« (JOHANNES 14,6).

Befürchtung, die leider zweifelsohne eintreffen wird. Der Mensch und sein Lebenswerk sind schnell vergessen. Andere treten an unsere Stelle, das Leben geht auch ohne uns weiter. Dabei wird die Leistung der Vorgänger selten gewürdigt. Ob ich in die Geschichtsbücher eingehe, ist nicht von Bedeutung, da auch die Menschheitsgeschichte ein Ende finden wird. Am Ausgang der Geschichte werden alle großen Namen verblassen. Nur der Name Jesus Christus wird über allen Namen hell erstrahlen!

Jesus weist uns auf diese ganz andere Sichtweise hin: »Doch darüber freut euch nicht, dass euch die Geister untertan sind. Freut euch aber, dass eure Namen im Himmel geschrieben sind« (Lukas 10,20). Nicht ein erfolgreiches Lebenswerk ist der bestimmende Faktor, am Ende zählt nur, dass unsere Namen im Buch des Lebens stehen, dass ich bei Gott persönlich bekannt bin! Jesus sagt: »Wer mein Wort hört und glaubt dem, der mich gesandt hat, der hat das ewige Leben und kommt nicht in das Gericht, sondern er ist vom Tode zum Leben hindurchgedrungen« (Johannes 5,24). Entscheidend dafür, dass unsere Namen ins Buch des Lebens eingeschrieben werden, ist allein unsere Antwort auf das Angebot Jesu. Wer sich im Glauben auf das Opfer Jesu am Kreuz auf Golgatha verlässt und in einer Beziehung mit Jesus lebt, der wird bewahrt vor dem Gericht.

EINE NEUE WELT OHNE LEID

Trotz großer Fortschritte der medizinischen Forschung ist eine Welt ohne Schmerzen immer noch Utopie. Ohne die Wehen wäre die Geburt eines Kindes reine Freude. Ohne

Schmerzen könnten Sterbende ruhiger sterben. Und etwa 15 Millionen Patienten mit chronischen Schmerzen, die es in Deutschland gibt, müssten nicht täglich Tabletten dagegen schlucken.

Die Weltgeschichte ist eine Geschichte von Blut und Tränen. Der weinende und verzweifelte Mensch ist ein Bild für das Elend des heimatlosen Menschen. Tränen um die verlorene Heimat, Tränen um liebe Verstorbene, Tränen der Ohnmacht in Krankheit – in alldem spiegelt sich die Not der gefallenen Welt wider. Das Leben fern von Gott und das Vertrauen auf den Fortschritt haben den Erdkreis nicht in ein Paradies, sondern in ein Tränental verwandelt. Der Traum einer Welt, in der jeder menschenwürdig leben kann, hat sich als Utopie erwiesen. Die gesamte Schöpfung liegt in »Wehen« und sehnt sich nach der Erlösung (Römer 8,19–22).

> Das Leben fern von Gott und das Vertrauen auf den Fortschritt haben den Erdkreis nicht in ein Paradies, sondern in ein Jammertal verwandelt.

Dabei hat der Mensch längst vergessen, dass es eine andere Welt, dass es Gottes zukünftige Welt gibt: »Und Gott wird abwischen alle Tränen von ihren Augen, und der Tod wird nicht mehr sein, noch Leid noch Geschrei noch Schmerz wird mehr sein; denn das Erste ist vergangen. Und der auf dem Thron saß, sprach: Siehe, ich mache alles neu!« (Offenbarung 21,4.5).

Eine Welt ohne Leid und Tränen, ohne Krankheit und Schmerzen, ohne Krieg und Katastrophen, ohne Schuld und Sünde, ohne Vergänglichkeit und Tod. Ein neuer Himmel, eine neue Erde, das neue Jerusalem (Offenbarung 21,10) wird Gott offenbaren. Gott wird wieder bei den Menschen

wohnen, wie einst im Garten Eden. Er wird zärtlich die Tränen abwischen, wie eine Mutter ihrem Kind. Nein, Gott re-
pariert nicht das Alte, er macht alles neu. Diese neue Welt
hält er für uns bereit. Alles, was uns Not bereitet hat, wird
in ihr Vergangenheit sein.

ZURÜCK IM PARADIES

Das Paradies meint die verloren gegangene Zeit, als die
Welt noch in Ordnung war, als Wolf und Lamm friedlich
beieinander weideten (Jesaja 65,25), als Umweltzerstörung
und Klimaveränderung noch Fremdworte waren und Adam
und Eva ohne Mühe und Plage, ohne Krankheit und Tod
im Paradies lebten. In Gottes neuer Welt schließt sich der
Kreis: Der mit Jesus verbundene Mensch ist wieder im Paradies; er ist wieder dort, wo er ursprünglich herkommt und
wo er eigentlich hingehört – in Gottes Nähe.
Im Neuen Testament kommt das Wort Paradies nur an ganz
wenigen Stellen vor. Die bekannteste Stelle ist Lukas 23,
42.43. Der Verbrecher, der zusammen mit Jesus gekreuzigt
ist, bittet ihn: »Jesus, gedenke an mich, wenn du in dein
Reich kommst!« Und Jesus verspricht ihm: »Wahrlich, ich
sage dir: Heute wirst du mit mir im Paradies sein.«
In diesen wenigen Worten, die Jesus an den Verbrecher
richtet, ist zusammengefasst, was Jesus am Kreuz für uns
vollbracht hat: Sein Tod öffnet die Tür zum Paradies. Daran
knüpft das letzte Buch der Bibel an, die Offenbarung des
Johannes. Dort wird die Vision entfaltet, wie es sein wird,
wenn Christus wiederkommt und alles zurechtbringt, was
seit dem Sündenfall durcheinandergeraten ist. Durch Jesus

Christus wird die verschlossene Tür zum Paradies geöffnet und der göttliche Schöpfungszustand wiederhergestellt: »Siehe da, die Hütte Gottes bei den Menschen! Und er wird bei ihnen wohnen, und sie werden seine Völker sein, und er selbst, Gott mit ihnen, wird ihr Gott sein; und Gott wird abwischen alle Tränen von ihren Augen, und der Tod wird nicht mehr sein, noch Leid noch Geschrei noch Schmerz wird mehr sein; denn das Erste ist vergangen. Und der auf dem Thron saß, sprach:

SIEHE, ICH MACHE ALLES NEU!«
(OFFENBARUNG 21,3–5)

DREI SÄULEN FÜR EIN LEBEN ALS CHRIST

»Wie viel Heimat braucht der Mensch?« Diese Frage des Schriftstellers Jean Améry vom Anfang des Buches lässt sich mit einem Satz beantworten: Wir brauchen Heimat bei Gott, denn dazu sind wir als seine Geschöpfe bestimmt und geschaffen. Ohne den Glauben, ohne eine lebendige Beziehung zu Jesus Christus bleiben wir heimatlos. Es ist schön, wenn wir auch in dieser Welt einen Ort gefunden haben, wo wir zu Hause sind und uns wohlfühlen. Doch dauerhaft Wurzeln schlagen können wir hier nicht. Wir brauchen mehr, wir brauchen eine Perspektive über die Welt hinaus, wir brauchen den Nährboden der lebendigen Hoffnung, den wir allein im Glauben an Jesus Christus finden.

Nichts in unserem Leben ist wichtiger als dieser Glaube, unsere persönliche Beziehung zu Jesus Christus! Eine Beziehung muss man pflegen, damit sie nicht verkümmert. Das gilt nicht nur für ein Verhältnis zwischen zwei Menschen, sondern auch für die Beziehung mit Gott. Manchmal scheitern Beziehungen an ganz einfachen Dingen. Damit dies nicht passiert, nenne ich Ihnen die drei großen »G«, die drei Säulen des Lebens mit Gott:

Gottes Wort: Eine Beziehung bleibt lebendig, indem man miteinander spricht. Die Bibel ist kein altes, verstaubtes Buch, sondern das aktuelle »Kursbuch« für unser Leben. Durch die Bibel spricht Gott zu mir. Beim Lesen seines Wortes lerne ich ihn, aber auch mein Leben und die Welt

»DIE BIBEL IST KEIN ALTES, VERSTAUBTES BUCH, SONDERN DAS AKTUELLE ›KURSBUCH‹ FÜR UNSER LEBEN.«

besser kennen. Durch die Bibel erfahre ich auch, was Gott von mir will.

Gebet: Im Gebet spreche ich mit Gott. Ich darf ihm alles sagen, was mich bewegt, er hat immer ein offenes Ohr für mich und ist zu jeder Zeit erreichbar. Wir brauchen ihm dabei keine perfekt formulierten Gebete vorzutragen. Er freut sich über einfache, ehrliche Worte, die aus unserem Herzen kommen.

Gemeinschaft: Wer im Glauben überleben will, braucht den Kontakt zu anderen Christen. Die Gemeinde ist mehr als ein »frommer Klub«. In der Gemeinschaft mit anderen Christen erfahre ich Ermutigung und Korrektur. Die Gemeinde ist aber auch ein Ort, um Gott zu begegnen und ihn gemeinsam zu loben.

Gott segne Sie!

Friedrich Haubner
Mit Herz und Leidenschaft
Das Evangelium weitersagen,
ohne rot zu werden

Nr. 5.121.630
104 Seiten, mit S/W-Fotos
12 x 19 cm, kartoniert
mediaKern GmbH
9,95 € (D)

Jetzt bestellen: Fon 0281 96299-0
Mail: verlag@kawohl.de

Wofür setze ich meine Zeit, meine Kraft, meine Begabung und mein Geld ein?

Mit Herz und Leidenschaft das Evangelium weitersagen, authentisch, fantasie- und liebevoll – dazu möchte der Autor den Leser gewinnen! Es ist eine bekannte Schwäche, dass Christen sich gerne auf »Nebenkriegsschauplätzen« aufhalten und dabei ihren Auftrag und das Evangelium vergessen. Haben wir die Bedeutung des Kreuzes vergessen? Haben wir die Armut in der Welt aus den Augen verloren? Der Autor ist überzeugt, dass allein die Bibel uns eine neue Sicht für die wesentlichen Dinge im Leben als Christ vermitteln kann. Eine Leidenschaft für das Evangelium. Mit vielen praktischen Beispielen möchte er Christen ermutigen, das Evangelium in ihrem persönlichen Umfeld zu bezeugen.